Schöpferische Zerstörung, Innovationszyklen und globale Erwärmung. Eine interdisziplinäre Betrachtung moderner gesellschaftlicher Herausforderungen

Tim Rösch

Bibliografische Information der Deutschen Nationalbibliothek:

Die Deutsche Nationalbibliothek verzeichnet diese Publikation in der Deutschen Nationalbibliografie; detaillierte bibliografische Daten sind im Internet über http://dnb.d-nb.de abrufbar.

ISBN: 9783346863928
Dieses Buch ist auch als E-Book erhältlich.

Druck und Bindung: Books on Demand GmbH, Norderstedt Germany
Gedruckt auf säurefreiem Papier aus verantwortungsvollen Quellen

Das vorliegende Werk wurde sorgfältig erarbeitet. Dennoch übernehmen Autoren und Verlag für die Richtigkeit von Angaben, Hinweisen, Links und Ratschlägen sowie eventuelle Druckfehler keine Haftung.

Das Buch bei GRIN: https://www.grin.com/document/1352378

Informationsethik Schöpferische Zerstörung, Innovationszyklen und globale Erwärmung: Eine interdisziplinäre Betrachtung moderner gesellschaftlicher Herausforderungen

Name: Tim Rösch

Datum: 15.04.2023

Inhaltsverzeichnis

1 Einleitung

Gegenstand dieser Hausarbeit sind drei unterschiedliche Themenbereiche, die verschiedene Aspekte der modernen Gesellschaft beleuchten. Im ersten Teil wird das Konzept der schöpferischen Zerstörung untersucht, wobei die Kritik von Ökonomin Shoshana Zuboff an Uber als Beispiel für dieses Prinzip thematisiert wird. Dabei werden mögliche Auswirkungen auf Geschäftspraktiken anderer Organisationen analysiert.

Im zweiten Teil der Arbeit rückt die Theorie der Innovationszyklen von Carlota Perez in den Fokus. Eine knappe Zusammenfassung der zentralen Konzepte ermöglicht die Einordnung der Entwicklung der Moderne. Historische Zusammenhänge und die aktuelle Position im Innovationszyklus werden ebenso betrachtet wie mögliche zukünftige Entwicklungen.

Der dritte und letzte Teil der Hausarbeit widmet sich den Auswirkungen einer globalen Erwärmung von 3 Grad Celsius. Basierend auf den Erkenntnissen aus verschiedenen wissenschaftlichen Quellen wird ein Blogpost erstellt, der die Ergebnisse in verständlicher Sprache für ein breites Publikum zusammenfasst. Das Ziel besteht darin, das Bewusstsein für diesen wichtigen Themenbereich zu erhöhen und einer größeren Leserschaft zugänglich zu machen.

2 Überwachungskapitalismus und schöpferische Zerstörung: Was bedeutet das für die Zukunft der Wirtschaft?

Uber hat das traditionelle Taxi-Gewerbe revolutioniert und ist damit ein Paradebeispiel für das Prinzip der schöpferischen Zerstörung. Dennoch gibt es Widerstand und Kritik an seinen Geschäftspraktiken, insbesondere von der renommierten Ökonomin Shoshana Zuboff. Ihre Kritik stützt sich vor allem auf die Argumente, die sie in ihren Werken "Surveillance Capitalism – Überwachungskapitalismus" und "Die Vorteile der Nachzügler" vorbringt.

Der zentrale Fokus dieser Analyse liegt darauf, den Einwand von Shoshana Zuboff zu untersuchen, der sich gegen das Argument richtet, dass Uber als praktisches Modell des Prinzips der schöpferischen Zerstörung fungiert, und zu ergründen, welche Bedeutung dies für die Geschäftspraktiken anderer Organisationen hat.

Um den Begriff der schöpferischen Zerstörung besser zu erklären, ist es zunächst notwendig, dessen Bedeutung zu klären. Der Wirtschaftswissenschaftler Joseph Schumpeter prägte diesen Begriff, welcher beschreibt, wie durch den Einsatz neuer Technologien, Produkte, Dienstleistungen, Methoden oder Geschäftsmodelle alte Märkte und deren Akteure verdrängt werden.[1]

In Bezug auf das Beispiel von Uber zeigt sich, dass die Gründer des Unternehmens auf die Probleme der begrenzten Verfügbarkeit von Taxis und den damit einhergehenden langen Wartezeiten reagierten. Als Lösung entwickelten sie eine Plattform, die es Kunden erlaubt, unmittelbar mit Fahrern in Kontakt zu treten und zügig Fahrten zu buchen. Hierbei ist es von Bedeutung anzumerken, dass prinzipiell jeder, der fahren kann, zum Uber-Fahrer (also Anbieter) werden kann, ohne bestimmte Vorschriften wie Lizenzen, die für Taxifahrer notwendig sind, einhalten zu müssen. Darüber hinaus unterliegen die Fahrzeuge nicht denselben regelmäßigen Kontrollen wie die Fahrzeuge traditioneller Taxiunternehmen.

Uber fordert durch seine Innovationen die bestehenden Strukturen heraus und bewirkt eine grundlegende Veränderung im Markt. Zuboff betont, dass das Unternehmen Vorschriften und Gesetze ignoriert hat, um daraus Profit zu schlagen. Da sich Uber nicht als Arbeitgeber, sondern lediglich als Plattform versteht, die Anbieter und Kunden miteinander verbindet, sieht es sich nicht in der Verantwortung, Vorgaben wie

---

[1] Frankfurter Allgemeine Zeitung (2015).

Mindestlohn oder die zuvor erwähnten Lizenzen einzuhalten. So entstehen für Uber kaum Verpflichtungen, während die Anbieter, also die Fahrer, nahezu alle Risiken tragen und die Hauptverantwortung für die Geschäftspraktiken übernehmen.[2] Darüber hinaus hat Uber in einigen Fällen gegen Datenschutzbestimmungen verstoßen, indem es Fahrten von Kunden für die Öffentlichkeit einsehbar gemacht hat.[3] Dieses Beispiel unterstreicht die regulatorischen Herausforderungen, denen das Unternehmen ausgesetzt ist, und zeigt, dass es in verschiedenen Aspekten seines Geschäftsmodells rechtliche Probleme gibt.

Neben der Kritik an Ubers Geschäftspraktiken thematisiert Shoshana Zuboff in ihren Arbeiten auch ein weiteres, zunehmend bedeutendes Phänomen, den Überwachungskapitalismus. Dieser Prozess beschreibt das Sammeln und Auswerten von Daten über Individuen, die beispielsweise in sozialen Netzwerken preisgegeben werden, wobei Unternehmen diese Informationen nutzen, um ökonomische Vorteile daraus zu generieren.[4] Die bekanntesten Technologieunternehmen, die sich des Überwachungskapitalismus bedienen, sind Facebook und Google. Diese beiden Giganten sind inzwischen tief in unserem Alltagsleben verwurzelt und haben sich als unverzichtbare Bestandteile etabliert. Sie bieten einerseits nützliche Dienste und Anwendungen, wie Suchmaschinen, E-Mail, Kartendienste und soziale Plattformen, welche die Kommunikation und Informationsbeschaffung erleichtern. Andererseits sammeln sie dabei jedoch enorme Mengen an Nutzerdaten, um personalisierte Werbung und Dienstleistungen anzubieten. Dies führt zu gemischten Gefühlen gegenüber diesen Unternehmen, da sie einerseits für viele Menschen unverzichtbar sind, gleichzeitig jedoch auch Sorgen bezüglich des Datenschutzes und der Privatsphäre aufkommen lassen.

Die schöpferische Zerstörung, die Uber exemplarisch repräsentiert, und der von Zuboff thematisierte Überwachungskapitalismus üben sowohl positive als auch negative Einflüsse auf die Geschäftspraktiken anderer Organisationen aus. Zu den positiven Auswirkungen zählen die Förderung von Innovationen, da Unternehmen wettbewerbsfähig bleiben möchten, die Steigerung der Effizienz, weil Betriebe besser auf Kundenbedürfnisse eingehen können, und die verstärkte Kundenorientierung, bei der der Kunde im Mittelpunkt steht.

---

[2] Frankfurter Allgemeine Zeitung (2015).
[3] Frankfurter Allgemeine Zeitung (2015).
[4] Zuboff, , Shoshana (2022).

Negative Konsequenzen umfassen Datenschutzprobleme, die durch das Sammeln persönlicher Daten entstehen, insbesondere bei Unternehmen mit unklaren oder unzureichenden Datenschutzrichtlinien. Darüber hinaus könnten Arbeitsplatzverluste durch fortschreitende Automatisierung und Technologieeinsatz die Arbeitnehmer betreffen. Schließlich kann die Monopolisierung großer Technologieunternehmen den Wettbewerb einschränken und kleinere Unternehmen benachteiligen.

Abschließend lässt sich festhalten, dass die schöpferische Zerstörung ein Konzept ist, das den wirtschaftlichen Wandel beschreibt, und der Überwachungskapitalismus ein Geschäftsmodell, das auf der Sammlung und Nutzung von Nutzerdaten basiert. Beide Phänomene haben sowohl positive als auch negative Auswirkungen auf Geschäftspraktiken anderer Organisationen. Unternehmen wie Uber, Facebook und Google sind zweifellos innovative Akteure, die Märkte verändern und auf vielfältige Weise das Leben der Menschen verbessern. Gleichzeitig bergen ihre Geschäftsmodelle und Praktiken jedoch auch Risiken und Herausforderungen, insbesondere im Hinblick auf den Datenschutz und den Erhalt von Arbeitsplätzen.

Es ist daher entscheidend, dass sowohl die Unternehmen selbst als auch politische Entscheidungsträger und Regulierungsbehörden verantwortungsbewusst handeln und einen ausgewogenen Ansatz verfolgen, um sowohl die Vorteile der Innovation zu nutzen als auch die mit ihnen einhergehenden Risiken zu minimieren. Eine solche Herangehensweise kann dazu beitragen, das enorme Potenzial dieser Unternehmen auszuschöpfen, während gleichzeitig die Rechte und Interessen der Verbraucher und Arbeitnehmer gewahrt bleiben.

3 Innovationszyklen

In dem Artikel "Capitalism, Technology and a Green Global Golden Age: The Role of History in Helping to Shape the Future" untersucht die Wirtschaftswissenschaftlerin Carlota Pérez die Beziehung zwischen Technologie und Kapitalismus sowie die Rolle der Geschichte bei der Gestaltung einer nachhaltigeren Zukunft. In der nachfolgenden Executive Summary wird eine Zusammenfassung der wichtigsten Themen dargestellt, die in Carlota Pérez' Artikel behandelt werden. Es wird auch die Frage beantwortet, wo sich die Welt gegenwärtig befindet und was sich in Bezug auf die Zukunft erwarten lässt.

Carlota Pérez argumentiert in ihrer Arbeit, dass die Welt in fünf Phasen durch die industrielle Revolution gegangen ist, die sich jeweils auf einer technologischen Revolution stützen. Die erste Phase war die Mechanisierung, die im 18. Jahrhundert Großbritanniens Aufstieg zur Weltmacht unterstützte und beinhaltete die Nutzung von Wasserkraft und einem ausgeklügelten Kanalnetz. Die zweite industrielle Revolution im 19. Jahrhundert basierte auf Kohle, Dampf, Eisen und beförderte den Aufstieg einer Mittelklasse. Die Stahl-Ära im späten 19. Jahrhundert und transnationale Verkehrswege ermöglichten eine starke Globalisierung und regen Handel. Die Ära von Autos, Autobahnen, Öl, Kunststoffen und Massenproduktion im frühen 20. Jahrhundert wurde durch das Ford Model-T eingeleitet, während die Einführung des Mikroprozessors im Jahr 1971 das aktuelle Zeitalter der Informations- und Kommunikationstechnologie (ICT) im späten 20. Jahrhundert einleitete.[5]

Pérez beschreibt drei wiederkehrende Phasen technologischer Entwicklungen. Die Installationsphase ist die Initialphase, in der eine neue Technologie eingeführt, entwickelt und an Marktbedingungen angepasst wird.[6] In der folgenden Einsatzphase wird die Technologie aktiv genutzt und verbreitet, wodurch sie zu einem wichtigen Faktor der Wertschöpfung wird. Jede Phase der industriellen Revolution hat zu einer Effizienzsteigerung durch die Anwendung innovativer Technologien geführt, was ehemals teure Prozesse kosteneffektiver und effizienter machte. Dies hat sowohl positive als auch negative Auswirkungen auf das Arbeitsleben, das Konsumverhalten und das soziale Leben der Gesellschaft gehabt.

---

[5] Vgl.Carlota Perez (2016) S. 4.
[6] Vgl. Carlota Perez (2016) S. 6.

Aktuell befinden wir uns in der Informations- und Kommunikationstechnologie (ICT) Revolution, die in ihrer Rezessionsphase ist. Pérez vertritt die Ansicht, dass die Menschheit derzeit eine bedeutende Übergangsphase durchläuft, in der wir uns von der ICT-Revolution hin zu einer umweltbewussteren und nachhaltigeren Ausrichtung, der sogenannten "Grünen Revolution", bewegen. Um dieses Ziel zu erreichen, ist es erforderlich, unsere wirtschaftlichen Praktiken und Wertesysteme grundlegend zu überdenken und sie stärker an Nachhaltigkeitsprinzipien auszurichten. Der Schwerpunkt sollte dabei auf einer langfristigen, nachhaltigen Wertschöpfung liegen, anstatt auf einer reinen Gewinnorientierung.

Die Übergangsphase, gekennzeichnet durch einen Wendepunkt, führt von der Einsatz- zur nächsten Installationsphase, in der neue, zukunftsweisende Technologien entwickelt werden. Exemplarisch lässt sich diese Entwicklung bereits in der zunehmenden Nutzung nachhaltiger Energien wie Solarenergie und Windenergie erkennen, deren Einsatz dazu beiträgt, die CO_2-Emissionen zu reduzieren. Darüber hinaus spiegelt sich die grüne Ausrichtung auch im wachsenden Angebot nachhaltiger Produkte auf dem Markt wider, wie etwa die Elektrifizierung von Fahrzeugen und Recycling-Initiativen.

Die Autorin argumentiert, dass durch Innovationen eine Transformation des gesellschaftlichen Lebensstils hin zu einem "guten Leben" stattfindet, das sich durch gesundes, grünes (nachhaltiges) Leben auszeichnet. Um der wachsenden Konsumnachfrage gerecht zu werden, sind größere Synergiepotenziale über verschiedene Branchen hinweg erforderlich.[7] Neue Informations- und Kommunikationstechnologien bieten ein enormes Potenzial, um diese Ziele zu erreichen und Wachstum sowie Wohlstand in der Gesellschaft zu fördern.

Insgesamt betrachtet wird bei einer "grünen Orientierung" die Bewältigung wirtschaftlicher Herausforderungen als Chance gesehen. Für Konsumenten entwickelt sich das nachhaltige Einkaufen zunehmend zu einem Lifestyle und einer Lebensart. Je mehr nachhaltige Produkte auf dem Markt angeboten werden, desto stärker wachsen sowohl die Anbieter- als auch die Konsumentenseite. Diese Entwicklung trägt zur Reduzierung der CO_2-Emissionen bei und fördert die Umweltnachhaltigkeit.

---

[7] Vgl. Carlota Perez (2016) S. 11.

ICT hat nicht nur Auswirkungen auf Nachhaltigkeitsaspekte, sondern beeinflusst auch Gerechtigkeit und Wirtschaftswachstum. Günstiger und allgegenwärtiger Internetzugang eröffnet Menschen in Entwicklungsländern Zugang zu Bildung und ermöglicht diesen Ländern, am globalen Markt teilzunehmen.[8] So können Bildungslücken geschlossen und Chancengleichheit geschaffen werden, was wiederum das Potenzial für Wirtschaftswachstum erhöht.

Die ICT schafft zudem neue Arbeitsplätze und fördert somit das Wohlergehen von Millionen Menschen. Durch die Möglichkeit, von zu Hause aus für verschiedene Unternehmen tätig zu sein, können Arbeitskräfte flexibel eingesetzt werden und individuelle Lebensbedingungen verbessert werden. Diese Entwicklung trägt zur Verringerung der Arbeitslosigkeit und zur Stärkung von Wirtschaftswachstum bei, wodurch wiederum die Lebensqualität vieler Menschen gesteigert wird. Durch die Erschließung neuer Geschäftsfelder und den Abbau von Handelsbarrieren kann die ICT somit einen bedeutenden Beitrag zur globalen Gerechtigkeit und wirtschaftlichen Entwicklung leisten.

Es lässt sich feststellen, dass die zuvor beschriebenen Entwicklungen nicht allein durch die Bemühungen von Institutionen und Konsumenten erreicht werden können. Vielmehr erfordert es eine radikale Neuausrichtung der politischen Rahmenbedingungen. Regierungen und Wirtschaftsakteure haben sich bisher nicht ausreichend an die neuen Herausforderungen angepasst. Sie orientieren sich hauptsächlich am Markt und vernachlässigen ihre Rolle in Bezug auf Nachhaltigkeit. Um das Potenzial der neuen Technologien vollständig auszuschöpfen, ist ein Paradigmenwechsel notwendig. Dieser sollte die Prioritäten der Politik und Wirtschaft auf die ökologischen und sozialen Aspekte der globalen Entwicklung lenken. Nur durch eine gemeinsame Anstrengung, bei der alle beteiligten Akteure ihre Verantwortung wahrnehmen und aufeinander abgestimmte Maßnahmen ergreifen, kann eine nachhaltige und gerechte Zukunft erreicht werden.

Zusammenfassend verdeutlicht Carlota Pérez in ihrer Arbeit die wiederkehrenden Phasen technologischer Entwicklungen und betont, dass wir uns derzeit in einer Übergangsphase von der Informations- und Kommunikationstechnologie (ICT) hin zur "Grünen Revolution" befinden. Die Fokussierung auf Nachhaltigkeit und grüne Ausrichtung in Wirtschaft und Politik ist entscheidend für die Gestaltung einer zukunftsfähigen Welt. Pérez unterstreicht die Notwendigkeit, aus der Geschichte zu lernen und politische

---

[8] Vgl. Carlota Perez (2016) S. 17.

Rahmenbedingungen sowie Wirtschaftspraktiken anzupassen. Nur durch gemeinsame Anstrengungen und eine grundlegende Neuausrichtung können wir eine nachhaltige und gerechte Zukunft erreichen.

4 Die Auswirkungen einer 3-Grad-Erwärmung: Eine Erde, wie wir sie nicht kennen (wollen)

In den letzten Jahren war sie ständig in den Nachrichten präsent: die schwedische Klimaschutzaktivistin Greta Thunberg, die auf das Klimaproblem aufmerksam machte. Obwohl jeder das Thema kennt, stellt sich die Frage, wer tatsächlich aktiv wird. Junge Menschen befestigen sich mit Sekundenkleber auf der Straße, um den Verkehr zum Stillstand zu bringen und so auf die kritischen Kippunkte im Klimawandel hinzuweisen. Zahlreiche Unternehmen und Prominente engagieren sich für den Klimaschutz, doch inwieweit zeigen ihre Bemühungen Wirkung? Am 21. März 2023 berichtete der Norddeutsche Rundfunk, dass das 1,5-Grad-Ziel des Pariser Klimaabkommens gescheitert ist.[9] Welche Konsequenzen ergeben sich daraus für uns und welche Auswirkungen hat dies auf die Menschheit insgesamt?

Der deutsche Klimaforscher Stefan Rahmstorf beschäftigt sich in seinem Artikel „Klima und Wetter bei 3 Grad mehr - Eine Erde, die wir nicht kennen (wollen)" mit den Auswirkungen einer 3 Grad Erwärmung anstelle der angestrebten 1,5 Grad. In diesem Blogpost werden wir die wichtigsten Erkenntnisse aus Rahmstorfs Arbeit präsentieren und diskutieren, um ein besseres Verständnis der Konsequenzen einer solchen Erwärmung zu vermitteln.

Beginnen wir mit einer der zentralen Themen, die Rahmstorf in seinem Artikel behandelt – den Auswirkungen einer erhöhten globalen Erwärmung auf Dürre und Niederschlag. Die Intensität der Auswirkungen des Klimawandels ist heute bereits deutlich spürbar. Eine beispielhafte Folge ist die zunehmende Dürre, die sich weltweit ausbreitet und sowohl beliebte Reiseziele als auch heimische Landschaften betrifft. So hat der Gardasee in Italien, eines der bevorzugten Reiseziele der Deutschen, derzeit einen historisch niedrigen Wasserstand. Auch in Deutschland sind die Auswirkungen der Dürre anhand ausgetrockneter Landflächen in der Natur unübersehbar.

Die zunehmende Verdunstung aufgrund veränderter Niederschlagsmuster führt dazu, dass der Boden stark austrocknet und kein Wasser mehr aufnehmen kann. Das kann zu verstärkten Überflutungen und Erdrutschen führen und somit zu vermehrten

---

[9] NDR (2023).

Ernteausfällen führen. Diese Ereignisse können schwache Staaten destabilisieren und zu Konflikten führen, die sich auf die globale Politik auswirken können.[10]

Die steigende Anzahl tropischer Wirbelstürme ist ein weiteres Phänomen, das Rahmstorf in seinem Artikel thematisiert. Diese extremen Wetterereignisse, auch bekannt als Hurrikane oder Taifune, haben in den letzten Jahren zugenommen und verursachen verheerende Schäden in betroffenen Gebieten. Wissenschaftliche Studien haben nachgewiesen, dass die Tropenstürme immer stärker werden und der Klimawandel der Hauptgrund dafür ist.[11] Die Erderwärmung und die damit verbundene Erwärmung der Meeresoberfläche tragen zur Intensivierung dieser Stürme bei. In Europa galten solche Stürme bisher als untypisch, doch durch die Erwärmung des Wassers treten sie nun auch hier auf, wie beispielsweise in Portugal. Wir müssen uns also darauf einstellen, dass es in Europa vermehrt zu solchen Umweltkatastrophen kommt. Die Folgen dieser Entwicklung können weitreichend sein und erfordern eine Anpassung der Infrastrukturen und Schutzmaßnahmen in den betroffenen Regionen, um den negativen Auswirkungen entgegenzuwirken.

Das nächste Thema, das Rahmstorf in seiner Arbeit behandelt, sind der Meeresspiegelanstieg und die Veränderungen der Eisschilde. Prognosen zufolge wird bei einer globalen Erwärmung um 3 Grad Celsius der Meeresspiegelanstieg etwa dreimal schneller stattfinden als derzeit.[12] Laut Rahmstorf würde dies bei einer Erwärmung um 3 Grad Celsius einen Anstieg des Meeresspiegels um 70 Zentimeter vor 2100 bedeuten.[13] Beliebte Urlaubsziele wie Venedig in Italien oder Amsterdam in den Niederlanden würden unter dramatischen Folgen leiden. Langfristig könnten derartige Anstiege sogar dazu führen, dass diese Städte und weitere komplett von der Landkarte verschwinden.

Der Grund für den Anstieg des Meeresspiegels liegt in den Veränderungen des Eises auf den Kontinenten. Im Laufe der Erdgeschichte variiert der Meeresspiegel aufgrund von Veränderungen im Eisvolumen – durch das Abschmelzen der Eisschilde erhöht sich der Meeresspiegel kontinuierlich. Allein der Verlust von Grönland und dem Westantarktischen Eisschild könnte zu einem Anstieg des Meeresspiegels von 7 Metern

---

[10] Vgl. Stefan Rahmstorf (o.J.) S. 18.
[11] Vgl. Stefan Rahmstorf (o.J.) S. 19.
[12] Vgl. Stefan Rahmstorf (o.J.) S. 22.
[13] Vgl. Stefan Rahmstorf (o.J.) S. 22.

oder mehr führen.[14] Dies verdeutlicht die Dringlichkeit, den Klimawandel einzudämmen, um verheerende Auswirkungen auf Küstenstädte und -gemeinden zu verhindern.

Rahmstorf behandelt in seinem Werk auch einen weiteren Aspekt, der meiner Meinung nach den schlimmsten Fall unter den Klimaauswirkungen darstellt: die sogenannten Kipppunkte des Klimasystems. Diese kritischen Schwellenwerte beschreiben Punkte, an denen eine geringfügige Veränderung zu einer drastischen und möglicherweise dauerhaften Veränderung des Klimasystems führen kann, die nicht mehr umkehrbar ist.

Das Abschmelzen des zuvor erwähnten Grönlandeises sowie des arktischen Meereises könnten solche Kipppunkte darstellen, die Kettenreaktionen auslösen und die globale Durchschnittstemperatur weiter erhöhen. Um es anders auszudrücken: Der Rückgang des Grönlandeises könnte einen kritischen Wendepunkt im Geostrom bewirken, der in Kombination mit dem Anstieg des Meeresspiegels und der Erwärmung des Südlichen Ozeans zu einem beschleunigten Eisverlust in der Ostantarktis führen könnte.[15]

Insgesamt könnten sich also Rückkopplungseffekte wie Permafrostabbau, Verlust des arktischen Meereises und Waldsterben ergeben. Hierbei ist der Amazonas-Regenwald von besonderer Bedeutung: Ein Zusammenbruch des Regenwaldes wird bei einer globalen Erwärmung von 3-4°C prognostiziert.[16] Sollte der Regenwald verschwinden, hätte dies weitreichende Auswirkungen auf den Klimawandel, das Artensterben und den Wasserkreislauf.

Es lässt sich festhalten, dass das Vorhandensein von Kipppunkten im Klimasystem sehr besorgniserregend ist, da sie zu tiefgreifenden Veränderungen führen können, die möglicherweise nicht rückgängig gemacht werden können. Daher ist es von größter Bedeutung, Maßnahmen zu ergreifen, um das Risiko dieser Kipppunkte zu minimieren oder zu vermeiden, um langfristige Schäden für unseren Planeten und uns selbst zu vermeiden.

In Anbetracht der alarmierenden Informationen und Prognosen, die Stefan Rahmstorf in seinem Artikel präsentiert, wird deutlich, dass es mehr denn je entscheidend ist, gemeinsam gegen den Klimawandel vorzugehen. Es liegt in der Verantwortung aller

---

[14] Vgl. Stefan Rahmstorf (o.J.) S. 22.
[15] Steffen u.a. (2018).
[16] Lenton u.a. (2008).

Akteure – von der Politik über Institutionen bis hin zu Einzelpersonen –, entschlossen und zielgerichtet zu handeln, um die schlimmsten Auswirkungen abzuwenden.

Wir haben bereits einen Vorgeschmack auf die dramatischen Folgen des Klimawandels bekommen, sei es durch Dürren, steigende Meeresspiegel oder zunehmende extreme Wetterereignisse. Die Zeit zum Handeln ist gekommen, um die Fortschritte des Klimawandels zu verlangsamen und die Wahrscheinlichkeit des Erreichens von Kipppunkten zu reduzieren. Diese Kipppunkte, die zu verheerenden und möglicherweise irreversiblen Veränderungen des Klimasystems führen können, müssen unbedingt verhindert werden.

Um dies zu erreichen, ist es notwendig, dass alle Beteiligten zusammenarbeiten und koordinierte Anstrengungen unternehmen, um die Treibhausgasemissionen zu reduzieren, nachhaltige Lebensweisen zu fördern und sich an die bereits eingetretenen Veränderungen anzupassen. Nur durch gemeinschaftliches Handeln können wir unseren Planeten Erde für zukünftige Generationen bewohnbar erhalten und ihnen eine lebenswerte Zukunft ermöglichen.

5 Literaturverzeichnis

Carlota Perez (2016): Capitalism, Technology and a Green Global Golden Age: The Role of History in Helping to Shape the Future, S. 1–29

Frankfurter Allgemeine Zeitung (2015): Sharing Economy und Europa: Die Vorteile der Nachzügler, in: Frankfurter Allgemeine Zeitung, 23.03.15, bezogen unter: https://www.faz.net/aktuell/feuilleton/debatten/die-digital-debatte/shoshana-zub-off-ueber-sharing-economy-und-europa-13499357.html?printPagedArticle=true#pageIndex_2, Zugriff am: 04.04.2023

Lenton, T. / Held, H. / Kriegler, E. / Hall, J. / Lucht, W. / Rahmstorf, S. / Schellnhuber, H. (2008): Tipping elements in the Earth's climate system, in: Proceedings of the National Academy of Sciences of the United States of America, 105/6, S. 1786–1793, bezogen unter: https://www.pnas.org/doi/10.1073/pnas.0705414105

NDR (2023): 1,5 Grad-Ziel gescheitert – Was müssen wir jetzt fürs Klima tun?, bezogen unter: https://www.ndr.de/nachrichten/info/epg/15-Grad-Ziel-gescheitert-Was-muessen-wir-jetzt-fuers-Klima-tun,sendung1332596.html, Zugriff am: 13.04.2023

Stefan Rahmstorf (o.J.): Klima und Wetter bei 3 Grad mehr. Eine Erde, wie wir sie nicht kennen (wollen), S. 13–30

Steffen, W. / Rockström, J. / Richardson, K. / Lenton, T. / Folke, C. / Liverman, D. / Summerhayes, C. / Barnosky, A. / Cornell, S. / Crucifix, M. / Donges, J. / Fetzer, I. / Lade, S. / Scheffer, M. / Winkelmann, R. / Schellnhuber, H. (2018): Trajectories of the Earth System in the Anthropocene, in: Proceedings of the National Academy of Sciences of the United States of America, 115/33, S. 8252–8259, bezogen unter: https://www.pnas.org/doi/full/10.1073/pnas.1810141115

Zuboff, , Shoshana (2022): Surveillance Capitalism – Überwachungskapitalismus - Essay, in: Bundeszentrale für politische Bildung, 16.02.22, bezogen unter: https://www.bpb.de/shop/zeitschriften/apuz/292337/surveillance-capitalism-ueberwachungskapitalismus-essay/, Zugriff am: 04.04.2023